APR 2 1 2009

D0117158

CONTRA COSTA COUNTY LIBRARY

3 1901 04369 9182

¿Para qué sirve una PREPOSICIÓN?

Texto de JUANA INÉS DEHESA

Ilustraciones de BEF

editorialserpentina

# COLECCIÓN

## CAJA DE HERRAMIENTAS

© JUANA INÉS DEHESA
© BERNARDO FERNÁNDEZ por las ilustraciones

Primera edición Editorial Serpentina, 2008

Concept based on the series *Words Are CATegorical*, authored by Brian P. Cleary
and published by Lerner Publishing Group, Minneapolis, Minnesota, U.S.A.
Concepto de la colección basado en la serie *Words Are CATegorical*, del autor Brian P. Cleary,
publicada por Lerner Publishing Group, Minneapolis, Minnesota, U.S.A.

D.R. © Editorial Serpentina, S.A. de C.V.,
       Santa Margarita 430, colonia Del Valle,
       03100 México, D.F. Tel/Fax (55) 5559 8338/8267
       www.serpentina.com.mx
       www.editorialserpentina.com

ISBN: 978-968-5950-37-4

PROHIBIDA SU REPRODUCCIÓN POR CUALQUIER MEDIO MECÁNICO O ELECTRÓNICO SIN LA
AUTORIZACIÓN ESCRITA DE LOS EDITORES

IMPRESO Y HECHO EN MÉXICO
PRINTED IN MEXICO

Si Esther desayuna pan **con** mermelada,

si Andrés mira, absorto, **desde** la alambrada,

si el sol cae a plomo **sobre** el combatiente,

las preposiciones se han hecho presentes.

Esas palabritas **de** pronto se esconden

y **a** los enunciados les sirven **de** gozne:

así, no es lo mismo estar **en** el sombrero

que **con** el sombrero ser un caballero.

Son muy importantes las preposiciones,

pues todo lo aclaran o crean confusiones,

si eres chaparrito un **"ante"** o un **"tras"**

es definitivo, tú bien lo sabrás.

Tampoco es lo mismo decir "voy **a** un circo"

que "voy **con** el circo **a** tu fiesta", ¡qué listo!

Basta **con** que cambies la preposición

**para** que organices la revolución.

Así, las migajas **de** todo el mantel

**bajo** las alfombras puedes esconder

y si un hipopótamo viene **hacia** acá,

**entre** las cobijas te refugiarás.

Aunque "**a**" es **del** conjunto la más pequeñita,

sirve **para** todo: "Tarzán quiere **a** Chita",

"el viejo rumiante te vino **a** buscar",

o "anímate **a** verlo, ¡baila **a** todo dar!".

Un poco más grande, pero igual **de** lista,

"**de**" ¡es súper útil!, no hay quien se resista:

"**De** aquí **en** adelante no habrá más hormigas",

"las peras **de** ese olmo me gustan, ¡son ricas!".

Y "**con**" es muy buena, me gusta también:

"**Con** Pablo y Paola, pero **sin** René",

"**con** muchos colores hoy va **a** atardecer",

"**con** todo respeto, déjenme barrer".

Al mismo conjunto se unen "**para**" y "**por**":

"**Por** todo el camino se escucha un tambor",

"**por** ser descuidado perdiste el timón",

"te traigo un remedio **para** la hinchazón".

Es más, "**desde**" y "**hasta**" son complementarias:

"Voy **desde** mi casa **hasta** tu ventana",

"**desde** la cabeza **hasta** el dedo del pie

estoy embarrada **de** migas y miel".

Si quieres acaso batallas narrar,

de "**contra**", querido, no habrás **de** escapar:

"Los topos se baten **contra** los tejones",

"las tropas francesas, **contra** los sajones".

O si muy mañoso eres **para** comer,

a "**sin**" muchas cosas has **de** agradecer:

"Me gusta la pizza **sin** salsa y **sin** queso,

y **sin** champiñones y **sin** aderezos".

**Según** los que saben, la preposición

"**según**" se usa mucho y es **de** tradición:

"**Según** qué me digas me puedo reír

o puedo exprimirte como **a** un calcetín."

Aquí ya concluye mi disertación,

si acaso **sin** habla te deja, ¡valor!,

las preposiciones decídete **a** usar,

y **sin** arredrarte comienza **a** rimar.

¿para qué sirve una **PREPOSICIÓN**?

SE TERMINÓ DE IMPRIMIR EN

EL MES DE AGOSTO DE 2008 EN

EDITORIAL IMPRESORA APOLO,

S.A. DE C.V., CON DOMICILIO

EN LA CALLE DE CENTENO 162,

COLONIA GRANJAS ESMERALDA,

EN LA CIUDAD DE MÉXICO.